INCOMPLETO MOVIMENTO

ALBERTO BRESCIANI

INCOMPLETO MOVIMENTO

© *Alberto Bresciani, 2011*

Reservam-se os direitos desta edição à
EDITORA JOSÉ OLYMPIO LTDA.
Rua Argentina, 171 – 3º andar – São Cristóvão
20921-380 – Rio de Janeiro, RJ – República Federativa do Brasil
Tel.: (21) 2585-2060
Printed in Brazil / Impresso no Brasil

Atendimento e venda direta ao leitor
mdireto@record.com.br
Tel.: (21) 2585-2002

ISBN 978-85-03-01134-1

Projeto gráfico: Regina Ferraz

Texto revisado segundo o novo Acordo Ortográfico
da Língua Portuguesa

Cip-Brasil. Catalogação-na-fonte
Sindicato Nacional dos Editores de Livros, RJ.

B849i	Bresciani, Alberto, 1961- Incompleto movimento / Alberto Bresciani. – Rio de Janeiro : José Olympio, 2011.

ISBN 978-85-03-01134-1

1. Poesia brasileira. I. Título.

11-4564	CDD: 869.91 CDU: 821.134.3(81)-1

Para Rita, Filipe e Eduardo

*"o menino que fui
nenhum poeta imagina,
nenhuma palavra recria*

o menino que fui não foi"

(Nicolas Behr, "O menino que fui"
Laranja seleta)

SUMÁRIO

Poesia essencial – *Dad Squarisi* 13

DOS GESTOS QUE TRANSFIGURAM

Queimadura 19
Revelação 20
Autoengano 22
Sedimentos 23
Mitologia 24
Sorte 26
Refração 27
Resultado 28
Look 29
Céu a oeste 30
Um jardim 31
Halo 33
De como parar de fumar 34
Reinvenção 35
Uma gota 36
Estiagem 37
Ficha 38
El ángel está aquí 39
Lonesome star 41
Holograma 43

DOS GESTOS QUE ILUMINAM

Polígono 47
Fantasia 48
Harmonização 49
Cronologia 50

Flux 51
Antídoto 52
Topologia 53
Anatomia 54
Sensitivo 55
Forma 56
Puzzle 57
Posse 58
Saudade 59
Protocolo 60
Branca 61
Filme 62
Sépala 63
Marghe(rita) 64
Metamorfose 65
Eternidade 66
Tela 68

DOS GESTOS QUE ATORDOAM

Amputação 71
Desencontro 72
Hora desmarcada 73
O estado das coisas 75
Para quem não me conhece 76
Resignação 77
Acusação 78
Figo 79
Decisão 80
Opostos 81
Transparência 82
Injusto 83

DOS GESTOS QUE PARALISAM

Anotação	87
Ironia	88
Extravio	89
Hóspedes	91
Interposto	92
Inversão	93
Ponto sem fuga	94
Idioma	95
Prisão	96
Extradição	97
Milagres	98
Nunca	99
Impreciso momento	100
Ave	101
Descomunhão	102
Em-novo-ano	103
Miragem	104
Implosão	105
Inversor	106
Fatalidade	108
Quase passado	109
Exílio	110

POESIA ESSENCIAL

Poetar é privilégio. Significa acessar o ápice da sofisticação linguística. Atingir as alturas pressupõe deixar o peso pelo caminho — despir acessórios para exibir o essencial. O corpo não é necessariamente bonito. É surpreendente. O espanto nasce das palavras. Movidas a talento, elas criam o universo formado de sons, ritmos e imagens.

Incompleto movimento surpreende. Os poemas apresentam rara unidade. Neles nada sobra, nada falta. A economia verbal realça a imagística delirante na tímida contenção. Vocábulos mudam de classe. O abstrato vira concreto. Silêncios gritam. Os sentidos vibram. A mudez fala mais que orações e períodos.

O erotismo perpassa os escaninhos dos versos. Nem sempre explícito, o fogo de Eros queima subterrâneo, apenas sugerido. Estranhamentos se sucedem. Elegância e delicadeza dão-se as mãos em poemas como este:

> *Aos poucos se apaga*
> *o consentimento da morte*
>
> *adio a noite, avanço*
> *ao avesso do dentro*
>
> *e encontro os encontros*
> *do tempo, um gosto*
>
> *de pele, um nexo*
> *Faço oferendas*

à água
ao fogo.

A força que move a vida também explode. Em *Dos gestos que iluminam*, segunda parte da obra, o erótico afasta a máscara sem tirá-la totalmente. O antes apenas insinuado se explicita. E, incontido, se expõe em formas táteis. A imagem ganha traços nítidos com contornos visíveis:

O seu rosto surge
em meio às folhas da pele
onde a mística seiva
invade a memória do sangue

Percebo como a branda sépala
sobe em mim o feminino
cálice que lhe orna o ser
diáfano ser em branco

Fale-me de ventos, de terras
que os caminhos venceram
Só ao líquido das suas palavras
renasce o tempo, um rio para sentir.

Devorador de poesia, Alberto Bresciani aprendeu lições de Camões, Pessoa, Drummond, João Cabral. Mas não se deteve em nenhum. Poemas lembram a trilha de João Cabral na busca obsessiva pelo termo essencial. Entre um e outro, porém, salta abissal diferença. A luta de Bresciani com as palavras se faz sem tortura, sem sofrimento. É prazerosa. Tão prazerosa quanto ler *Incompleto movimento*.

Dizem que o céu ganha uma estrela quando nasce um poeta. Não sei se o firmamento está mais iluminado. Digo que não. A estreia de Alberto Bresciani é tão madura que levanta a suspeita. O talento que acumulou não é fruto de uma só vida. Mas de muitas. Ele, como Mozart e Maria Callas, tem pacto com Deus.

Dad Squarisi

DOS GESTOS QUE TRANSFIGURAM

"O meu coração está solto debaixo da camisa.
Veja como ele está assustado
Vindo do fundo da noite"

(Ariosto Teixeira, "O condenado",
Poemas do front civil)

QUEIMADURA

Pouco, porque pouco
bem ou mal

Inútil, tão inútil
esse discurso frágil

Em silêncio, todavia,
um sol oculto no corpo.

REVELAÇÃO

I

Ouço melhor do que vejo
e conheço – mais do que tudo –

a convulsão do peito
o extenso espanto externo

II

E o oceano entretanto
luzindo em olhos tantos

que logo
rebrilham em mim

III

Esses pontos de luz
eu os colho e ofereço

(a mão bem aberta)

a pássaros que pousam

nas pontas dos dedos
nos cantos macios

da solidão de pedra

IV

Em êxtase
as cinzas são cor

e o alívio-delírio
pisoteia o corpo

manada de sempres
migrando dos pés aos sentidos

fazendo o pouco
crescer imenso

v

Ali, a alma nascente
repousa vermelha:

sou rei, estou nu
       e eu quis.

AUTOENGANO

São dois mundos
Levam filmes e fluxos
à sedução e impulso
dos corpos eleitos

e os saciam e assolam
com a permissão ou a recusa
divididas pelos ferros
que nos marcam a cada qual

Na pele e pelos nossos opostos
a palavra que a tua boca sopra
é agulha e contesta
as pedras, a prisão, a aridez:

abre-se um átrio no tempo
cobre-se o meu reflexo
Breve, sob a porta, eu vejo
há um rastro de luz.

SEDIMENTOS

Aos poucos se apaga
o consentimento da morte

adio a noite, avanço
ao avesso do dentro

e encontro os encontros
do tempo, um gosto

de pele, um nexo
Faço oferendas

à água
ao fogo.

MITOLOGIA

O muro não me libertará
(sei porque sou tempo)

Conhecendo também
suas entranhas, armadilhas
saliências e entraves

eu o escalo
até o alto
onde ameias são faces tantas
e arranham ou assaltam
a vida

Lá, debruço-me
pendo, estico-me
jogo as mãos
a pele

e mesmo que não encontre
matéria de igual trama
ainda tenho

céu, vento, ar
ou desejo e dúvida e ilusão

Este (é um murmúrio)
o meu plano de voo
ramo de salvação

Sim, no relume das horas
arranco uma ou outra
de suas plumas e
do cimo

sinto

o doce estrépito
de um corpo
que arde e responde
        sob o meu.

SORTE

Tardio ainda assim
eu me invento

Vozes chegam
de outro tempo

e devolvem
meu silêncio

Nele calo o medo
e todo corte.

REFRAÇÃO

I

Minhas asas
estão sangrando
mas há espaço
para o nosso voo

Eu não sabia
do teu canto
O que eu tinha era tédio
uma rota e tanto medo

II

Ainda há tempo
Está ali a nascente
do que pensei esquecer
mãos e pele também estão

III

O vigor do sol
nos teus dedos é um ímã
e me devolve ao centro
geodésico da respiração

Eu quase desisti
no penúltimo salto
(tua palavra
me devolveu à razão).

RESULTADO

Extrapola a pele
e fere o ridículo
este excesso de cor e grito –
embora diluído
na água sobre a cena

E o espanto
está nas margens
tão mais altas
na questão onde se esboça
o possível imperfeito

Não houve
tempo para o tempo
e logo
toda a carga
foi exposta

Os meses se deitam sobre a chama
que a despeito de sua essência
e certa natureza
está serena e agora
já não queima.

LOOK

Que se desate a aba
do enlevo

e nos leve
o claro do vento

o imaginário por sobre
a limpidez dos sólidos

que têm chance
e se desmanchem

as lendas
os falsos anjos

as pirâmides
baças de pó

– corrompida a dor
que finjo ou não

E então, pela manhã,
ardendo bom na pele

o exagero, a marca
do dia comum

Estamos a um passo
de nos sentirmos

alados
sagradamente nus.

CÉU A OESTE

I

Sem sol
o desejo da noite –

ainda
do sono fundo

e esquecido
de todo gume

II

Depois, talvez,
um nome de luz.

UM JARDIM

> "Tu es pressé d'écrire
> Comme si tu étais en retard sur la vie"
> (René Char)

Para Angélica Torres Lima

Temos a farpa toda dor
a memória
tão sentida
sem que nada tocasse
a história ou fosse matéria
para os fluidos do corpo

A sínese esquecida
do texto, vapor
com fome todavia
Dizem:
talvez a loucura,
um desvio astral

Mas no nervo
aguilhoado
no fundo
do corte
por trás desses paludes
há um jardim

e nele voa o mistério
Um rastro de luz
nutre arbustos fartos
cujas brancas flores
por vezes sopram pássaros
também suaves pássaros

Em suas asas
versos, mel sobre a pele
a unção
que lenta lenta refaz
toda a vida e nos revela
justifica e aquece.

HALO

Para Maria de Assis Calsing

Essa casa não tem janelas
não tem portas, paredes

A solidez rejeita a ameaça
mas não pesa sobre a água

Translúcido é o nome solto no ar
no perfume, nas açucenas

Leve e diáfana casa
aninha o que flutua, o que não cai

tudo nela germina e enflora
abriga sim e a tudo afirma

E nela, clara casa, não há não
caminhos se abrem

e sopram à cálida folhagem
a brisa, a carícia do lago

Sobre ela, firme e branda casa,
palavras brincam com a luz

são imagens que a alma canta
(e eu digo: alada mão as deixou).

DE COMO PARAR DE FUMAR

Saio da faculdade de direito em mil novecentos e oitenta e três.

Então serei outro. Farei o que ainda não sei; farei o mesmo que fiz; talvez o que não fiz. Mas não me esquecerei.

Você estará lá.

De uma vez, avisarei aos vivos e aos mortos, porque não poderia mais pagar este hotel de cinco estrelas que ainda contemplo. Mas, ao vê-las, essas estrelas,

sinto na boca que a sua boca será um cardume de peixes, e sinto na carne que das suas mãos escorrerá fogo, como na dança chinesa que profusa e profundamente desenha dragões sobre a extensão dos corpos.

O medo morrerá e aquelas promessas não estancarão no norte. Não procurarei o nome das coisas no claro da manhã. Não conhecerei os nomes revelados.

Preciso conter a respiração. Preciso documentar aqueles momentos. Guardei poucos impossíveis para eles. São tão poucos

(e eu serei outro homem).

Está lá, eu sei: a incessante espera me espera nas curvas finais de mil novecentos e oitenta e três.

REINVENÇÃO

Vertendo do branco:
eu, o anti-herói
preso a ganchos de ar
por sobre as fragas da razão

duras lâminas
que evisceram
a argamassa do corpo
a desbordar de mim

banal, rude, rala argila
não reluz. Só o que destila
por trás do que me é oculto
se esconde à vista

É grampo no avesso
– até a secreção
vir à voz, exposta
aos anjos e algozes

Então o instante que espero
quando me reinventam os dias
e as aves planam
sob o vulto explícito e sem sede

Gritem medos e mentiras
para o estômago do nunca
(o julgamento está surdo
e a tentação de não ser

para hoje
está morta

    afogada).

UMA GOTA

Ler o muito
por onde começa
no último degrau
que do último desce

e sem ceder
à sedução do alto
crer no que inteiros
nos guarda e guarnece

no entrelaço
que pouco
tão pouco
sempre é mais.

ESTIAGEM

I

Esta pele de peixe
resseca ao sol

(quando levaram,
daqui, o mar?)

II

Mas, vejam, sob o pó
arrasta-se a respiração

No fundo do corpo
encolhe-se a umidade

III

Vive ali um oceano
vasto azul voraz

E, notem, a morte
não soube o seu nome.

FICHA

I

Aquilo nem
era verdade

não era nem
segredo

II

Só buscava um
abrigo

Nenhuma
a final substância

só imaginada
por sob

Onde não
havia sequer

III

Tirei os pontos e
algo em mim

falou, tinha
corpo e era sol.

EL ÁNGEL ESTÁ AQUÍ

1ª CENA

Palavras em aquática dança
– luminosas transparências –
fazem dias, transcendem
à finíssima película
que recobre os versos

revelam anjos no invisível

Perto da angústia
são algas esguias
são peixes de vidro azul
que fazem voar ao azul do céu

e salvam e resgatam
e ao cair da noite
ainda curam cada imperfeição

2ª CENA

Desenhos circulares
traçam uma canção
sobre meu peito

(Eram ácidos aqueles instantes
e nas folhas
espinhos de metal
lembravam a dor)

Os círculos são asas
sóbrias todavia
sutis como flores

de um ramo gótico
em torno das lacerações

Mas, sim, há uma canção
sobre meu peito

3ª CENA

O metal feito pó
desce aos pés
e lentamente vem
a memória dos passos

O medo reabre meus olhos
Há um pássaro à frente
líquido, também azul, translúcido

Seu voo esparge
gotas sobre mim

Amplamente

4ª CENA

Ouve-se *esse cantar, jovem e puro**

5ª CENA

E quando fecho os olhos
descubro
eu posso ver.

---

* "Dom Dinis", de Fernando Pessoa.

LONESOME STAR

(sobre tema de Norah Jones)

Um som
Não
Um tremor de asas

Vem do fundo
e estremece
a imobilidade da casa

parte o silêncio dos livros
que pressentem
                a devassa

Há o tremor profundo
mas também – insisto –
o som

Um tropel, alado cardume
ou o rumor das cicatrizes
riscando entre o sono

ou o roçar dos lábios do medo
ou sementes que germinam
na palma da mão

Vibra alto o tom
e a folhagem
soprando a noite

inverte a visão
desata as vísceras
sangra cerejas e serpentes

O som está próximo

e o travo na língua
subverte os rasgos
do desejo – a implosão

O fragor dos pássaros
o sonho denso no *après-midi* do fauno
rompem a carne antiga

(Tremor e som)
vejo
uma estrela

Um uivo
expele a pedra
que atiro ao céu

E espero

how far are you?

HOLOGRAMA

I

Se a consciência
me justifica

o profundo do sonho
realiza o desejado tato

nos caminhos
dessa viva nudez

clara arquejante
sólida real

– mesmo que só olorosa e luzidia
no fugidio sono

II

Embora evapore ao sol
a história deixa marca

no úmido lembrar
dos corpos

III

– quem desmente? –
reunidos, meus.

DOS GESTOS
QUE ILUMINAM

"... aprecio
o mistério
da dança das asas,
sem norte"

(Carla Andrade, "Jardim de elos",
Conjugação de pingos de chuva)

POLÍGONO

I

Sobre a mesa
o movimento da faca
altera as faces do ar

II

De um lado
os cortes da noite
expelem relâmpagos

o rito sem forma
da ausência
o espanto, o silêncio

III

De outro
o atrito da hora
acorda a garganta

grita à pele luz e tato
desse consumado céu
que – em troca – reencontro.

FANTASIA

Um corpo despido
do esquecimento

arranha e se aninha
na espessura da lenda

que secreto acendo
no fundo das horas.

HARMONIZAÇÃO

Demorasse a tua mão
um pouco mais
sobre o meu ombro

e me nasceriam asas

Em silêncio
logo o pressentimento
o pacto e o voo:

grades e escarpas
ruindo sob as pernas
cúmplices, entrelaçadas

as nossas.

CRONOLOGIA

Cinco horas

tarde para ser noite
cedo embora para dia

Decido

  não falar
  guardar
  fundo

as palavras

sob a língua
lençol
egoísta
de vício e saliva

Ao meu gosto
teu corpo
camurça
que roçaga em mim

nas mãos, entre os braços
no peito, na plenitude
dos pelos e da pele

à mira
da boca, das garras, dos dentes

Minha morte
    agora
me pertence.

FLUX

Um reflexo, súbito clarão
que ofusca cada palavra
e cresce gestos

A fluida ou espessa linfa
conforme o acento
agrava ou arqueja

A helicoidal manobra
que os pólens
cobram à boca

Essa é a carne
da surpresa
e arranca o tempo

de cada poro
aprofunda a entrega
a extrema submissão

Sem refreios
a pedra do desejo
desce agudos arpões.

ANTÍDOTO

Entre datas
que me escrevem

(interlúdio
sem som)

ainda venha
esse corpo

e me ame
em chama

até o fim
da última noite

Depois, ausência
nenhuma dentro do vão

o silêncio assentido
todo e só meu.

TOPOLOGIA

A eternidade não vai além
do que em mim
é tanto teu

O tempo perdido
você o leva em ausências

Eu as vejo em ventos
que insistem
e falam corpos

por pouco
os nossos.

ANATOMIA

Os nervos se quebram
e desvelam a natureza
insone dos ossos –

eles, minerais
e densos, respondem
à tua tessitura

Neles, a extrema
instância do ar
a réstia da luz

o que incita
o rio dos pulsos
a fome dos poros.

SENSITIVO

À distância
a ignição
de matéria e palavra

(o ar já destilando
mangas e maracujás)

é o flutuante vulto
que sonoro e orbital
despega dos teus quadris

pleno, elétrico
calmante.

FORMA

As infinitas possibilidades
de articulação do teu corpo

(retorces
linhas e ângulos)

são o sopro do idioma
sempre novo

descrevendo um só reflexo:
a profunda comoção.

PUZZLE

I

Magnéticas partes
no meu todo

cardume
à deriva da vontade

II

A mancha sucumbe
no entanto

à claridade inefável
do repentino dia

III

Entre o naufrágio
da espera

e a lâmina
renascida

brisa, beijo quase
sobressalto, arrepio.

POSSE

O ar é só pele:
teu corpo expira
das dobras do mapa

aquece os dedos
saliva doce na boca
as esferas do sal

A falta é tensão
teu vulto invasivo
conturbando o pulso

em pedras candentes
nas farpas da noite

O ventre esfria
e explode em tentáculos
da fluida água marinha

vertigem que plana e pesa
por sobre as vozes
os cortes do dia

      – teu sempre
     no fundo de mim.

SAUDADE

I

Essa ampla presença
falta no corpo

fugitivo de insultos
e do esfriamento

II

Por dentro, tua boca
respira em mim

(hemorragia inversa
tontura, asfixia).

PROTOCOLO

Silêncio
antes da voz:

arremedo

Depois:
do espanto à paixão

desejo.

BRANCA

Na superfície do vento
nas dobras das folhas
no cheiro das horas

a boca desenha arabescos
sopra espinhos
no inverso da carne

Arranca o enredo
(penetração dessa luz –
véu vício voragem)

corte de antigo ruído
que outro engole
(cruel sedento faminto)

Sim, à vista, à mão
a transparente e letal
carnatura encurva

a linha cervical
Distende longitudes
preme o que se estende

até a circular fonte
dos sons. Sim,
me levem teus ventos

a outro lugar
líquidos ardentes no fundo
no ar, no tempo, por nós.

FILME

I

Ao mundo invisível
ao avesso do que é

onde fôssemos sólidos
no todo em transparência

que nos puxasse a planta mágica
retorno cauterizado para sempre

No ar eu sentiria
só o teu sentir meu corpo

um esquecimento cheio de ti
da pele de doces frutas

na boca o sumo e do mundo só
o teu corpo todo meu

como voar pelas voltas do pescoço
e dos ombros

volta ao torso e teus quadris
de volta sobre as pernas

agora nas minhas mãos
nos teus cabelos

II

Funda imersão
dessas que um filme

guarda caleidoscópico
sussurrado, ardente.

SÉPALA

O seu rosto surge
em meio às folhas da pele
onde a mística seiva
invade a memória do sangue

Percebo como a branda sépala
sobe em mim o feminino
cálice que lhe orna o ser
diáfano ser em branco

Fale-me de ventos, de terras
que os caminhos venceram
Só ao líquido das suas palavras
renasce o tempo, um rio para sentir.

MARGHE(RITA)

Não valem os dias
além dos corações
que neles batem
São caminhos

Essa única vista
me verte o sim
Você fala por ela
e repete as imagens

A porta que abre
verdeja
e floresce
para dentro do corpo

história maior
do que antigas lembranças

Do teu nome,
margaridas nascem sobre a lava.

METAMORFOSE

Era seu rosto
um campo de trigo
e manso se entregava
ao passeio da boca

Braços me protegiam
e enlaçavam
e devolviam ventos
que ninguém sentiu

Desdobrava-se
o seu consentimento
e sem proposições
uma supernova em mim

Talvez reencontrasse o destino
respirasse sem deformidades
talvez fosse apenas como voltar

E já não chovia
E era tão bom.

ETERNIDADE

I

O plano, o branco
e extenso vazio
Há inércia no ar, gelo

Sem horizontes
desaba o azul hibernal
ácido – a ácida mordaça

Sob a linha
que verticaliza a vontade
e apaga líquidos, o grito

O movimento também vertical
afiado, assassino –
este o melhor nome

II

Enquanto subo
assumo e acresço
o gosto – doce – na boca

que a completa, retesa a pele
desata as sobras da carne
(o que surge se consome se desfaz)

III

Como não caio
só me afasto
cada vez mais distante

um ponto no céu
traço de vapor
memória:

lá – porque eterno –
um último brilho

Em mim
somente a tua luz

TELA

As letras do meu nome
não abrem o seu corpo

Fora isso, virtual explode
o desenho de nós dois

Na cilada, veneno e vinho
sussurram morte/delírio.

DOS GESTOS
QUE ATORDOAM

*"Não há porta que se abra
nem sinal que nos sustente"*
(Dagmar Braga, "Infinitude",
Geometria da paixão)

AMPUTAÇÃO

Tenho sempre as mãos
Estas:
na direita
a tua luz
ardendo
pelo amargo das veias

Cortá-la
– o desejo –
faria o poema
mais escuro
(as letras todavia
ainda pulsando no ar).

DESENCONTRO

I

No relance – sem tempo
de ver cor ou gesto –
o gosto do corpo
que acorre à pele

abrangente, meu sempre

II

Tudo sobra desse instante
cruel fundo veloz:
a vazante plenitude dos fluidos
o vazio do desejo vasto

meu lento, corrosivo amor.

HORA DESMARCADA

I

Quando chegou
estava de saída

já não era cedo
para querer

era tarde
para o desejo

II

As legendas
quase claras

as leituras
turvas, trocadas

III

Arremesso
de som

arremedo
de ar

IV

Desde
antes

no topo
da queda

desencanto
e medo.

O ESTADO DAS COISAS

I

Não há retorno ou avanço
o tempo, por trás da palavra,
matou o silêncio
gritou o silêncio

(e é translúcido
o estéril
que me susta
tenta, ampara)

II

A tua presença
sobrenatural
preenche cada desvão
desse oco enigma

No epicentro da queda
ressecando lentamente
invento memórias, esqueço
o gosto largo do quando.

PARA QUEM NÃO ME CONHECE

É bom o aviso:
a distância
é intransponível

para os gestos
para as vozes
e os nomes

Não contam os sacrifícios
caídos aos meus pés
as inscrições nos montes

Entre os pontos
que nos retêm
entre nós

nada vive ou respira
ou sente
Tudo para

porque nada te pede
que vá ou fique
nada se perde

quando não se sabe
da tristeza e da razão
dos frêmitos e dos fumos

de beijos secos
de uma terra seca, velha
de antes que nós existíssemos

nesse mapa
que ressoa ao fogo
mas é só papel.

RESIGNAÇÃO

Aqui te vejo passar
e te chamo

Daqui (apesar do ridículo)
te jogo esses ramos

e por vezes aceito
algum que devolva

É o país onde espero
as palavras

a remissão do tempo
(já tentei sair)

Se eu rio
durante o naufrágio?

Era só por dizer

Desculpe

Hoje não ia chorar.

ACUSAÇÃO

Você me acusa
pelas sombras
que nos cobrem

Não tenho a quem culpar
Guardamos a chave
quando passou a vigésima quinta hora

e os deuses de que fala
nunca souberam de nós
Estamos abandonados

na última vez
na impossível desdobradura
E eu afirmo:

amanhã ainda seremos
somente os dois
o verbo coagulando no escuro.

FIGO

E então a chance:
o desconhecido destino
tinha seu rosto
e se estendia ao alcance

da mão que abraçou
e adormeceu no amplo figo
cujos olhos eram luz
e também gemido

A posse da pele
veio como tudo enfim
como se os fluxos fizessem sentido
e nós vivêssemos a última cena

Mas alguns dias não nascem
e se acaso irrompem
logo secam
definham nos espelhos

Deixei de existir
antes de saber. Ela não era
para além de mim
a imagem que testemunho

e minto apagar
embora toda a saliva
seja só a ilusão
que do seu corpo espero.

DECISÃO

Houve um tempo
em que prometeu
esquecer as lâminas
do destino

As trancas da porta
agora falam por nós
e o frio no corredor
é a sua, a nossa resposta.

OPOSTOS

A extensa via obriga
a mãos inversas

Nem a luz é toda
brilha por prismas

Em cada foco
a distância se amplia

Nada nos une
ou decifra.

TRANSPARÊNCIA

Sempre foi tarde
mas o peito
se encheu de espera

Tanto depois
é impossível esquecer

    fingir que não.

INJUSTO

A compulsão tatuada
na pele do vento

No momento seguinte
o impossível desejo

calar todo nome
que não o meu.

DOS GESTOS
QUE PARALISAM

"Essa invisibilidade me corrompe.
A que espécie de tédio pertence o pó?"
(Ronaldo Costa Fernandes, "Anatomia do pó",
Eterno passageiro)

ANOTAÇÃO

São meus

este tempo
a casa
corpo
e palavra?

IRONIA

Sob a crosta
uma semente

que entretanto
germina.

EXTRAVIO

Para Eucanaã Ferraz

Meu duplo ausente
é dúvida
diante do enigma
raso

espalhado
em cores ralas
nas telas brancas
de resposta clara

(a boca só dubla)

Mesmo o pai
que no sono passeia
é impossível
como a idade
sua, igual à minha

(de quanta orfandade
se alimenta o vazio?)

Ainda em terra
sem molde e razão
pai não é irmão
Se irmão,
não é pai

(a origem do mal?)

Na torre alta
que à pele esgarça

minha avó
está morta

e eu
nem a ela
nem a mim
percebi.

HÓSPEDES

Lesões: seguimos
nesses desentendidos
dedos do desejo

Ao alto gritam
as sombras
que descamam o amor

E os vértices
dos sentidos
escritos em chão e céu

estão distantes, perdidos
esvaziam vozes
matam as mãos.

INTERPOSTO

O entre é estreito
e profundo, ilude
O frêmito é
na pele do nada

Nos lados, o imenso
que nos orna
mas recorta
até o branco dos ossos

Das lacunas
sim, ressai o perfume
uma insólita vertigem
que, no entanto,
evapora.

INVERSÃO

O esgotamento vem
do vazio
esse fundo
enredo de vozes
que uma só valem –

atrás dos nódulos do espanto
das folhas da súplica
e da sequência de sombras
sem volta,

a ilusão habita
a insônia
vergonha e ridículo
do homem parado
diante da pedra.

PONTO SEM FUGA

Os ritos recuam
deixam vagos os espaços
que tento lavrar
com os traços extremos
do que leio e ouço
mas não toco

E retomo da terra
apenas a completude
das fotografias antigas
plenas entre um ponto
        e ele mesmo
planas
   em preto e branco

e enquanto isso
as mãos andam perdidas
em algum lugar
e deixam em casa
vapor sobre o poema
respostas
    antes da escolha

   Quero a recompensa
   quando me devolver

   e se a chuva chegar.

IDIOMA

Nessas letras
a deserção da cena
invenção do genoma

No traço, a carne da língua
o refúgio formal
fuga e final vala

Nesses signos
a reinscrição do talvez
sopro que não morde

só se escreve no ar
os olhos quase podem ver
e, quem sabe, um dia, desvelar

Nas letras que seduzem
nos traços que inflamam
nos signos que tormentam

há a espera
muito, muito antes do eco.

PRISÃO

A imagem nua
tolamente faz exsudar
os sucos do corpo

e diz matéria
à tênue linha
e quase luz

Esse frêmito
é anterior
à hora e denuncia

o vertiginoso
ácido que esfria
sob a rude sutura

do fatal
transplante de coração:
a catarse

de planos e planetas
que nutre esse coágulo
ainda rijo

sobre a última camada
da derme
– inerte, inócuo metal.

EXTRADIÇÃO

Fui expulso
para dentro da casa
que não sabia

expatriado
para antes
da voz

Quando descobri
as palavras
eram língua morta

(o que deixei
sempre
seria depois).

MILAGRES

Há milagres que se prendem
ao ar como anjos de pedra
no sempre da catedral

crescendo sobre nós
cortando a casa
o ventre

Toda fuga é inútil
a cegueira superior à visão
e a respiração quase sobrevive

à proximidade ou à distância
de seu fogo
que pode ser pena, pode ser fome

e nos põe
frente a frente
com a epifania

Nas minhas mãos
o ramo que arde.

NUNCA

Um dia encontrei o nunca
preso ao teto
para onde nunca olhei

Tinha a aparência terrível
de uma gárgula
úmida de sangue

Mas sob os flagelos
era apenas
        um pardal

tão sem pressa
desses que banais habitam
as árvores, a cegueira

Com voz serena e doce
disse que sendo nunca
era eterno, letra em todo nome

Soube quem era o nunca
e meu peito, arfando
pelo que não se esquece

aprendeu a respirar assim
um pouco menos
seca a parte que nunca mais.

IMPRECISO MOMENTO

Para Rosa Maria Weber

O impreciso momento
se fez eterno, sempre
minhas asas presas
a um tempo sem passado
sem depois
sem fuga viável

O tempo já não é meu
já não há tempo
Minhas asas presas a mim
como presas que rasgam
e suturam
a dupla condenação
que leva ao sol e ao solo
acorrenta
à vista de quem me devora

E o ar a descer como lança
atravessando vertical
todo movimento

Minhas asas são asas sem um tempo
distendidas asas
sonham mar, sonham vento, gritam flores
– ilusões de ótica, ausência talvez de ótica,
tormento.

AVE

Esperando pelo retorno
da mulher alada
que faz a fala de um tempo

o céu turvo de silêncio
os ventos frios
do estio das palavras

Nenhum céu
nenhum vento
a mudez, o mistério

A demora escorrendo
pela garganta
e invertendo a voz

Ao longe, só o longe
a distância sagrada
retendo a dona das horas

no não gesto
no gosto da ausência
no jorro avesso do peito

Não tenho asas
nunca as tive
nesse mundo

onde vive
a mulher alada
fala possível do tempo

Quem sabe
o que lá distante
a mulher alada sente?

DESCOMUNHÃO

I

Partes perdidas
no *puzzle* de peças duplas
pedimos a resposta

ao lado faltante
monólogo que parte
e desencanta

II

Nessa via sem eco
solitários, incompletos
cedemos aos poucos

os passos
os braços e as pernas
a crença, a razão.

EM-NOVO-ANO

As sinapses sem resposta
são a face mais distinta

dos interditos e indefinidos
que nos moldam e separam.

MIRAGEM

Somos ficção
Simulamos o invisível
e a imagem

no reflexo
do espelho – ali nada há
como nada somos

Onde encontrar
a verdade
ou a real essência

desses fantoches
de nós mesmos
se os mistérios

não estão em lugar
mas no que mais fundo
escondemos?

IMPLOSÃO

Uma fratura exposta
de fora para dentro
Nervos expostos
aos arranhões calados
à profunda agulha
inteira dor

Não há alívio
nas imperfeições dessa terra
já tão antiga
esquecida de ser outra.

INVERSOR

I

Imagem
e sombra

trocam
destrocam lugares

Entre tempos
outro mundo entra, regra

No fixo movimento
dessa esfera

nada se aclara
nada se apreende

somente o efeito
vem e é sentido

II

Quando havia esperança
as alças do dia

eram menos medo, menos
êxtase, quase nunca dor

III

A incerteza no entanto
é maior do que o sempre

assoma e não deixa saber
quem respira:

imagem
ou sombra.

FATALIDADE

I

Sob chuva
desperta o mar

Sobre a chuva
lembrança de sol

II

Na dança do tempo
o nosso reflexo:

não há certeza
de rota

cada aceno
é risco

III

À praia,
todas as ondas

(carícia, entrega
açoite, fratura)

IV

Sem aviso, à frente
o dia cai.

QUASE PASSADO

Delgado fio –
o restante, seixo

da cordilheira
desfeita ontem

desde o início
fim ao avesso

Sombra da sombra
o imperfeito, o incompleto

dentro da carne
revés da razão –

fica no pouco
na sobra

que envenena
o último grão de pó.

EXÍLIO

Para Vera Americano

Sim
também preciso

e sofro de tudo
que fere

A vida
refreia

Toda ela
espera.

Pelo estímulo, apoio e confiança, agradeço muito
especialmente a Rosa Maria Weber, Angélica
Torres Lima, Dad Squarisi e a Cristina e
Emmanoel Pereira. Pela leitura atenta, agradeço,
ainda, a Marta Alves de Figueiredo.

Este livro foi impresso nas oficinas da
DISTRIBUIDORA RECORD DE SERVIÇOS DE IMPRENSA S.A.
Rua Argentina, 171 – Rio de Janeiro, RJ
para a
EDITORA JOSÉ OLYMPIO LTDA.
em outubro de 2011

*

79º aniversário desta Casa de livros, fundada em 29.11.1931